Beschreibung eines Dorfes berichtet von einer Ortschaft im Südwesten Deutschlands und von ihren Einwohnern. Aufgedeckt wird die Wirklichkeit, die sich gesammelt hat in den Lebensläufen der Leute und den Gegenständen des täglichen Gebrauchs; die sich niederschlug in den Konventionen und den menschlichen Beziehungen. Erinnerungen und Wahrnehmungen, Gewachsenes und Gewordenes, Natur und Menschenwerk werden von Marie Luise Kaschnitz beschrieben, indem sie sich vornimmt, diese Beschreibung während 21 Arbeitstagen auszuführen.

»Eines Tages, vielleicht sehr bald schon, werde ich den Versuch machen, das Dorf zu beschreiben. Ich werde überlegen, womit anfangen, mit dem Oberdorf, mit dem Unterdorf, mit dem Friedhof, mit dem Wald.«

Michael Grünwald, geboren 1955 in Dinslaken am Niederrhein, erkundete mit der Kamera das Dorf Bollschweil bei Freiburg im Breisgau – den Ort, der hier beschrieben wird, die Heimat der Marie Luise Kaschnitz. Aus 8000 Aufnahmen, die er zwischen April 1979 und Januar 1982 machte, hat er 65 ausgewählt und daraus fünf Bildfolgen für dieses Buch zusammengestellt: *Die Menschen – Die Mauern – Die Toten – Die Ernte – Der Winter*. Dem Textteil stellte er eine unbetitelte Einleitungssequenz voran.

In fast dreijähriger Arbeit schuf er für diesen Band ein äußerst subtiles Bild jener Ortschaft, ein langsam gewachsenes photographisches Komplement zum vorliegenden Text, eine Gestaltung von ungewöhnlicher Reichhaltigkeit und Kraft – Bilder, die, wie die Sätze, ganz sich selbst gehören.

insel taschenbuch 665
Kaschnitz
Beschreibung eines Dorfes

Marie Luise Kaschnitz
Beschreibung eines Dorfes

Fotografien von
Michael Grünwald
Insel Verlag

Der Text dieser Ausgabe folgt
Marie Luise Kaschnitz, Gesammelte Werke
Herausgegeben von
Christian Büttrich und Norbert Miller
Zweiter Band. 1981

insel taschenbuch 665
Erste Auflage 1983
© dieser Ausgabe Insel Verlag Frankfurt am Main 1983
Für den Text: © Suhrkamp Verlag Frankfurt am Main 1966
Alle Rechte vorbehalten
Vertrieb durch den Suhrkamp Taschenbuch Verlag
Umschlag nach Entwürfen von Willy Fleckhaus
Satz: Weihrauch, Würzburg
Druck: Appl Wemding
Printed in Germany

1 2 3 4 5 6 – 88 87 86 85 84 83

Beschreibung eines Dorfes

1 Eines Tages, vielleicht sehr bald schon, werde ich den Versuch machen, das Dorf zu beschreiben. Ich werde überlegen, womit anfangen, mit dem Oberdorf, mit dem Unterdorf, mit dem Friedhof, mit dem Wald. Oder mit den Höhlen, die hoch oben am Ölberg liegen, Wasser, so geht die Sage, erfüllte die Talbucht, wie jetzt zuweilen der Nebel, an den Felsen waren einmal Ringe, an den Ringen Boote befestigt, während in Wirklichkeit nur eines feststeht, nämlich, daß diese Höhlen die Zuflucht nacheiszeitlicher Jägerhorden waren

schließlich werde ich mit der Vogelschau beginnen, mit dem, was ein Vogel sieht, oder ein Fluggast aus seinem Kabinenfenster, schwarzen Wald auf der einen Seite des Tales, mit Buchengrün an den Rändern, Buchenwald auch an der anderen Seite, von Ahornen und Lärchen durchsetzt

übergehend in den Rebberg, und auf dem Talgrund das Dorf, zwischen Wiesen und Obstbäumen, die mächtige Lindenkuppel des Hauses Nr. 84 und die vielen Glasfenster der Gärtnerei ich werde das alles beschreiben und besonders ausführlich über die Rebhänge sprechen, die viele Jahrzehnte lang vernachlässigt waren, Brachland und Kartoffeläckerchen hier und dort

die aber jetzt neu angepflanzt und von blauen Asphaltstraßen durchzogen sind. Ich werde bei dieser Gelegenheit auch erwähnen, daß noch vor vielen Jahren, aber schon zu meiner Lebenszeit, die Trauben mit den Füßen gestampft oder in der Eichentrotte gepreßt wurden

daß aber jetzt der Wein gemeinschaftlich behandelt und in große Behälter gefüllt wird, die nicht mehr aus Holz, sondern aus Glas oder Beton bestehen.

2 Am nächsten Tag, meinem zweiten Arbeitstag, werde ich zu der Vogelschau zurückkehren. Ich werde zuerst die schönen Waldränder bekanntgeben, dann das Wiesenvorland, dann das Rheintal, die Vogesen, den Schweizer Jura und die Burgundische Pforte, die man übrigens auch von den Mansardenfenstern des Hauses Nr. 84 sieht. Ich werde den historischen Charakter der Landschaft betonen, und behaupten, daß, wer Einbildungskraft besitzt, noch heute die Heere durch die Ebene ziehen sehen kann

die Kelten und Germanen, kämpfend mit Cäsars Legionären, die Alemannen und Franken, die Bauern aus Staufen, die das Schloß der Herren Schnaevelin von Bärenlapp im Dorf zerstörten

die Schweden, die dreihundert Kirchhofener Bauern erschlugen und das Kloster Sölden in Brand steckten

die Truppen des Marschalls Turenne, der über das Kuckuckbad und durch das Hexental gegen die Bayern zog

die Truppen Ludwigs XIV., die von Breisach her Freiburg eroberten

die Heere des Pfälzischen Erbfolgekrieges, des Spanischen Erbfolgekrieges, des Österreichischen Erbfolgekrieges, des 1. Koalitionskrieges, des 2. Koalitionskrieges, des 3. Koalitionskrieges und der Freiheitskriege

was alles für die Dörfer des Hexentals bedeutete Plünderung, Kontributionen, Bauern zum Schanzen gezwungen, Hafer, Feldfrüchte, Wein, Gold, Vieh, Schweine, Hühner weggeführt, Brandschatzung, Flucht in die Wälder, Elend, Tränen und Angst.

3   Nachdem ich von diesen lang zurückliegenden Kriegswirren gesprochen, aber auch die Orte Chemin-des-Dames und Hartmannsweilerkopf und den vor dem letzten Krieg angelegten Westwall erwähnt habe, werde ich, was aber mit dem Dorf nicht unmittelbar zu tun hat, die oberrheinische Tiefebene beschreiben

und zwar so, wie sie ist, wenn man sie durchquert, wenn sich die Gebirge wie ängstliche Hunde gegen den Boden drücken, während die Könige des Flachlandes, Mais, Weizen und Tabak, ihre Häupter erheben

ohne die poetische Schnakenwildnis der Altwasser, mit der es schon seit Jahrzehnten vorbei ist, wie mit den Libellen, die einst über die libellenflügelfarbigen Sumpflachen schwirrten

mit statt dessen Jungwäldern aus märkischen Kiefern, grünkronig, rotstämmig, die sich unter weißgetürmten Schönwetterwolken erheben

indem ich die Veränderungen der Landschaft damit erkläre, daß man dem Rhein das Wasser abgegraben und die Autobahn gebaut hat, und indem ich von diesen Veränderungen ausführlich berichte, schlage ich bereits den Grundton meiner eben begonnenen Arbeit an. Das Schild ›Baden verboten‹ mitten im Forst, und was ein Mensch erleben kann, auch wenn er nicht sehr alt wird

letzter Aufruf für die Libellen, letzter Aufruf für die Schmetterlinge, von denen auch noch die Rede sein soll, wie von den Baggern, die in den Kiesgruben wühlen und mondbleiche Seen ausheben

von den weißbestäubten Kalkwerken, die an die alte Festung, den Isteiner Klotz, sich lehnen

von den spitzen Hügeln, dem Auswurf des Kaliwerks Buggingen, und den Straßen des kleinen Thermalbades, durch die am Sonntag in dicken blauen Uniformen die französischen Flieger ziehen, von den Geißblattranken, die sich an die alten, verfallenen Bunker des Westwalls schmiegen, und wie meine Mutter, nicht weit davon, im Sterben lag, und die französischen Gefangenen ihr mit Wintergrün das Totenbett schmückten. Wie kein Schuß hinüber, herüber, keiner fiel.

4 Am vierten Tag werde ich in die nähere Umgebung des Dorfes zurückkehren. Ich werde vom Wasser sprechen, von diesem Netz von Bächen und Bächlein, die sich im Tal vereinigen, um die Ebene und den Strom zu gewinnen, auch von der neuen Kanalisation

diesem Netz von Röhren, welche die menschlichen Ausscheidungen unterirdisch befördern, und wie dieses Netz auf seltsame Weise den klaren und reinen Strömen über der Erde entspricht. Von den Bächen, die nicht reguliert sind, die einmal abgezapft wurden mit Wehren, die man öffnen und schließen konnte, Wiesen, die ich wässerte, und unter den hochgezogenen Brettern strömte das Wasser den durstigen Wurzeln der Apfelbäume zu, aus denen aber jetzt die Kraft der Motoren das Wasser aufsaugt, in Röhren leitet, in Schläuche, in Regner, die ihre Strahlen weit aussendend, über den Wiesen sich drehen

von dem Wasserbehälter hoch über dem Dorf, dort, wo die Straße den Wald verläßt und der große Blick nach Westen frei wird, von diesem Betonklotz, in dem es strömt und pocht und rauscht wie in einer Gebirgsschlucht

von all dem werde ich erzählen und an den Rand des Blattes den Lauf der beiden Hauptbäche zeichnen, Möhlin und Eckbach, die sich unterhalb des Dorfes vereinen. Ich werde sagen, daß diese Bäche und ihre Nebenbäche schon alles Wasser im Tal sind, kein

See, kein Teich, und alle Meere weit, nämlich viele Hunderte von Kilometern weit entfernt. Binnenland, aber kein Trockenland, ozeanische Winde wie oft, von Frankreich her, die feuchten Westwinde zur Weihnachtszeit

 die schwefelgelben Sonnenuntergänge, die himbeerroten Sonnenuntergänge, ein Küstenland, aber am Himmel, unbegehbare Inseln, unbefahrene Buchten, graublau und rosig, eine andere gewaltige Landschaft, unter der die mit Händen zu greifende versinkt. Zwei Landschaften, und auch die irdische hat ihre Stunden, auch das greifbare Wasser

 die heißen Mittagsstunden, wenn man durch den Wildwuchs der Böschung hinabtaucht und da hockt im kühlen Finstergrünen, wo der Bach funkelnd über die Steine springt

 wo in tiefen Gumpen die alten Forellen stehen, die man als Kind mit den Händen gegriffen hat, mit denen man aber jetzt reglos eine stumme Zwiesprache hält

 über die weiten Wege der Menschen, die weiten Wege der Fische, Gleitwege und Sprungwege, im Frühjahr zwischen schlaffstengeligen Anemonen, fetten goldgelben Sumpfdotterblumen

 und sich erinnert, daß am Bach, in der

Nähe des Hauses Nr. 84, einmal eine Mühle stand, daß der Müller ein großer Schläfer, aber auch erfindungsreich war, so daß er einen Glockenzug konstruierte, und die Glocke weckte ihn nach jedem Mahlgang pünktlich zur rechten Zeit

daß da, wo einmal die Mühle stand, später ein Sprunggarten für Pferde war

daß dort noch später junge Bäume aufwuchsen, edle, fremdartige, die aber vor ihrer Zeit schon geschlagen wurden

dann eine Schonung von Tannen, zu Christbäumchen herangezogen, Veränderung über Veränderung, ich habe die Absicht, darauf noch einmal zurückzukommen, vielleicht schon am nächsten Tag.

5   Am nächsten Tag aber, meinem fünften Arbeitstag, wird mir anderes wichtiger erscheinen, zum Beispiel, wie schnell im Tal das Gras wächst, schneller als irgendwo

so, daß es zwei-, dreimal im Jahr geschnitten wird, auf den Matten liegt, verzettelt wird, mit der Hand, mit den flinken Gabeln des Heuwenders, den der Traktor zieht

wobei es seinen Duft verströmt in den warmen Juninächten, seinen wilden Heugeruch, den verrückt traurigen zu Mondschein und Rosenblüte

wie nach dem zweiten Schnitt sich eilig schon die Herbstzeitlosen hervordrängen, dann die Champignons, einzeln und in Hexenringen, die Boviste, aus denen der Graustaub quillt

besonders auf der nach Westen zu gelegenen Wiese, wo die Schwalbenflugvorbereitung stattfindet und wo Anfang September alle Drähte der Überlandleitung voll von zappelnden Jungschwalben hängen, und die Champignons und Boviste gehören wie der Schafkot und die Roßäpfel bereits der Vergangenheit an

wie unter den nach Mariä Geburt leeren Drähten das Gras zum drittenmal aufwächst, zum für mich hundertfünfzigsten Mal, auch das andere, feuchte, silberschartige, im Wald, wo es schon alles überwachsen hat

die zugeschütteten Panzergräben, die Leiche des erhängten Polen und die toten Soldaten der Wlassow-Armee

und wie es auch uns überwachsen wird, die klein auf dem Friedhof liegen, aber groß, mit ausgebreiteten Armen unter dem Tal, den Kopf beim Wasserwerk, die Füße unter den Schwalbendrähten wie es dann wüchse, das Gras, aus unserer Brust und aus unseren Schenkeln, lang und saftig aus unseren Händen, die rechts und links unter die Waldwiesen zu liegen kommen. Wie schön es da blühte im Mai

und sich wiegte über dem toten Rehbock und dem Jäger aus Kurpfalz, und ein neues Kindergesicht bettete sich in die Halme, in den krabbelnden Urwald, das alte Zinnkraut

zu Kröte und Blindschleiche, und spitzkniehig, riesenäugig hüpften die Schrecken von Halm zu Halm.

6 An meinem nächsten Arbeitstag werde ich einige Zahlen anführen, im Dorfe wie viele Seelen, wie viele davon Kinder, wie viele Männer, wie viele Frauen

wie viele Katholiken, Protestanten, Religionslose, wie viele Eingesessene, wie viele Neubürger, wie viele vorübergehend Anwesende

wie viele Personen im eigenen Hause und wie viele zur Miete oder zur Untermiete wohnen

wie viele Personen Landwirtschaft betreiben und wie viele davon in der Landwirtschaft hauptberuflich, wie viele nebenberuflich tätig sind

wie viele Einwohner einen Kraftwagen, ein Motorrad, ein motorisiertes Fahrrad (Moped) besitzen

wie viele Männer und Frauen der Gemeinde in der Industrie tätig sind

und wie viele zu ihrer Arbeit mit werkseigenen Autobussen, mit eigenen Fahrzeugen, mit dem Linienautobus fahren

wie viele Einwohner in den letzten zehn Jahren an Kreislaufstörungen, an Krebs, an Tuberkulose, an anderen Krankheiten gestorben sind

wie viele Kinder im Augenblick den von der Kirche unterhaltenen Kindergarten, die staatliche Volksschule, die höhere Schule in der Stadt besuchen

wie viele Einwohner Unterstützung beziehen und wie viele ganz auf Kosten des Staates leben

(wie viele einen gesunden Schlaf haben und wie viele aufstehen und umhergehen müssen in der Nacht.)

Danach werde ich noch die Toten beschreiben, ihre hageren, lehmbraunen Gesichter vom römischen Typus oder fette mit riesigen Kröpfen, mit schlauen Augen, mit gütigen Augen, aus Erde gemacht, zu Erde gewordene

während die Lebenden schon aus ganz anderem Stoff zu bestehen scheinen, die Jungen besonders, die nicht mehr auf dem Ochsenkarren langsam vorbeifahren, sondern hüpfend auf dem Unimog oder knatternd auf dem Motorrad

die Mädchen in blumenschönen Kleidern mit den Frisuren von Filmschauspielerinnen, roten Lippen, rosenroten Nägeln, seitlich sitzend auf dem Gepäckträger, an die Schultern der jungen Männer geschmiegt

die Kinder, die auf dem Friedhof ›Meerstern, ich dich grüße‹ singen, die weißgekleidet tanzen auf den Gräbern, immer mehr werden, fortziehen nach Westen, während von Osten neue Scharen heran.

7 Am nächsten Tag werde ich mich den Geräuschen des Dorfes zuwenden, zuerst den noch immer nicht verklungenen Geistergeräuschen, dem Schleppschritt der Kühe, dem Knarren der Wagenräder, dem Pferdegetrappel auf der Landstraße, der Glocke des Ausrufers, dem Rattern und Sausen der Dreschmaschine im Schopf

dem Sensendengeln, im Juni von den Wiesen her, metallisch kräftig, dem dürren Holzgeklapper der Flegel auf der Tenne

Geräuschen, an deren Stelle etwas anderes getreten ist, etwas Lautes, Rasches, ein Hin und Her der Zukunft entgegen, das zieht und treibt

Geräusche von Traktoren, die mit vielfältigen Geräten hacken, jäten, pflanzen, pflügen, Wasser pumpen, regnen, mähen, dreschen, Erde krümeln

Geräusch der Sprengungen im Kalkwerk hinrollend über die Wälder

Geräusche der französischen Flugmaschinen, die über dem Tal ihre Übungsflüge ausführen und die Schallmauer durchbrechen

der Raupenschlepper, die die Erde bewegen, auf den Bauplätzen, im Weinberg

der Motorräder auf dem Wege zum Fußballplatz, große Schleife um den Friedhof, offener Auspuff, Fahnen von weißem Staub

der Lastwagen, Autobusse, Personenwagen auf der Straße

aber wie immer das Gelächter der Spechte, das Spotten der Ringeltauben, das sehnsüchtige Pfeifen der Bussarde

die Kirchenglocken wie immer, Sonntagsmahnung, Scheidzeichen, Feuernotruf in der Nacht

    Geräusche des Holzfällens, Kerbeschlagens, mit langstieligen Äxten, der Bäume, die fallend pfeifen, brausen, dann krachend aufschlagen, die Krone, der Stamm

        des Westwinds wie immer alte orgelnde Stimme

        das Erschrecken der Rehe im Wald.

8   Am nächsten Tag, meinem achten Arbeitstag, werde ich über den Friedhof schreiben, über die kleinen Nummern auf den Gräbern, über die Namen, die sich immer wiederholen, Maier, Hermann, Mangold, Schmutz, Koch, Weber, Schweizer, Mörder, Gutgesell.

    Ich werde eine kleine Skizze zeichnen, in der Mitte das Grab eines alten Pfarrers und die vier (nicht mehr vorhandenen) Linden

    rechts am Ende des Querwegs die kleine Kapelle himmelblau ausgemalt und mit Sternen und links das Familiengrab der Bewohner des Hauses Nr. 84, und die beiden schönen Trauerbäume, die an dieser Stelle die Mauer überragen

    ich werde versuchen, den Grabstein des alten Reiters wiederzugeben, Wappen und Helmzier, Dachsparren und Rosen und den springenden Steinbock im Wappen seiner Frau; dabei werde ich mich an die Beerdigung des alten Reiters erinnern

an den arabischen Schimmel, der ohne Sattel hiner dem Leichenwagen hertänzelte und wie eben dieser Schimmel den Reiter auf die Höhen des winterlichen Gebirges trug, ich werde erwähnen

daß der Reiter gar nicht hier begraben sein wollte, sondern bei den Soldaten seines Regiments, während sein Schwiegersohn, der dritte, von weit hergekommene, gerade dieses gewünscht hat, zwischen den Einwohnern des Dorfes, auf der schönen Anhöhe zwischen Tal und Tälchen wie auf einem Schiff in den Westhimmel segeln

auch den Grabstein dieses Schwiegersohnes werde ich zu zeichnen versuchen, seine fremdartig sich von dem roten Sandstein abhebenden parthenonischen Reitergestalten in ihrer ewigen Jugend

und die Mauer, die der Herr Matern, der Sohn des Reiters, um die Gräber der Familie gezogen hat und über die sich seine Schwestern, die zwei, die damals noch am Leben waren, sehr aufgeregt haben

die aber jetzt schon mit wildem Wein

und Rosen üppig und schön überwachsen und auch nicht so hoch geworden ist, wie es ursprünglich beabsichtigt war, so daß man über sie hinweg die Rheinebene und die Burg Staufen sehen kann, und die beiden roten Sandsteine ragen über sie hinaus

auch die zweite rote Sandsteinplatte werde ich beschreiben, das romanische Kapitell und die eingemeißelte Gedichtzeile und sagen, daß unter diesem Grabstein die junge zweite Frau des Herrn Matern liegt, deren Glieder, Augen, Stimme, Atem gelähmt waren, die fünf Wochen lang an einem Scheinleben erhalten wurde und ohne Besinnung starb

ferner das kleine Urnengrab, das vor kurzem über den Gebeinen des Reiters und seiner Frau ausgehoben worden ist und das die Asche der zweiten Schwester des Herrn Matern enthält. Ich werde versuchen, die blasse und liebliche junge Frau, die leidenschaftliche und poetische Schwester und den unter den griechischen Reitern ruhenden Schwager zu schildern, was aber wohl über meine Kraft gehen wird, weswegen ich nur noch erzähle, daß neuerdings zu Weihnachten auf dem Friedhof Lichter angezündet werden

Lichter, die des Westwindes wegen oft unruhig brennen oder sofort erlöschen

Lichter an Tannenbäumen, die an einzelnen Stellen, wie zum Beispiel auf der Grabstätte des Hauses Nr. 84, schon so etwas wie ein Gehölz bilden, einen kleinen flammenden Wald.

9 An meinem neunten Arbeitstag werde ich von dem im Tal so üppig wachsenden Obst sprechen, von den Kirschen, Äpfeln und Birnen, die früher ins Faß wanderten, ein Bruchteil nur wurde geschnitzelt, im Backofen gedörrt

von den Äpfeln, die holzig und sauer, von den Kirschen, die klein und süß waren, und wie die letzteren, der Gärung ausgesetzt, sich verwandelten in glasklares Kirschwasser, freilich erst nach dem Brennen, der geheimnisvoll hexenküchenhaften Destillation

wie im Kriege jeder brannte, auch der das Brennrecht nicht besaß, hinter verschlossenen Türen fielen die Tropfen aus dem Kolben, der Vorlauf zuerst, mit dem man die Fesseln der Pferde und die Glieder der Alten einrieb

dann die immer klarere, immer edlere

Flüssigkeit, von der ein Rausch schon in der Luft hing und ein Abglanz auf den Gesichtern, auch auf des stumm dabeihockenden Paters Gesicht

    wie in die hohen, von grauem Moos überwachsenen Birnbäume die alten Männer stiegen und stürzten aus den Wipfeln zu Tode

    wie ein Pfirsichbaum wohl hier und dort in den Reben stand, eine rosige Wolke, aber nur kümmerliche Früchte trug

    wie jetzt alles anders ist, Edelobst, neue Kulturen, Spaliere, Hecken, Buschbäume, von Kindern mit der Hand zu pflücken, in kurz gehaltener Grasnarbe, unkrautfrei, mit blausilbern schimmernden Drahtnetzen eingezäunt

    planmäßige Schädlingsbekämpfung, sorgfältige Ernten, fließende Bänder, auf denen sich die Früchte selbst nach ihrer Größe ordnen

    in Kisten legen, in Lastwagen, in Lagerhallen, die Birnen Alexander Lucas und William Christ, die Äpfel Cox Orange, Golden Delicious, Stark Earliest, Goldparmäne, Champagnerreinette, Roter Boskoop, James Grieve

    und nur im Pfarrgarten noch diese

kleinen, marktunwürdigen rotgesprenkelten Mirabellen, diese goldgelb aufplatzenden Zwetschgen, von Wespen über und über bedeckt, und mit einem leisen Prall, in niemandes Gegenwart, fallen dort die Äpfel und Birnen ins Gras.

10 An meinem zehnten Arbeitstag werde ich von der Gärtnerei erzählen, den hunderten von Frühbeetfenstern im Freien

den gescheit gewinkelten Glashäusern, mit Spitzdächern, Flachdächern, mit Ölheizung, ohne Ölheizung

mit Ketten von Glühbirnen, die am Abend angezündet werden, Truglichtern, die einen langen Tag vortäuschen, wodurch die Blüte der Chrysanthemen nicht beschleunigt, sondern verzögert wird

wie infolge dieser Maßnahme auf dem großen Gelände zwischen Bach und Nebenstraße nachts weiße Helligkeit herrscht, Festplatzglanz, den eine eingestellte Stoppuhr plötzlich zum Erlöschen bringt

wie der grüne Salat fabrikmäßig nach Zeitplan hergestellt wird, wie über das abgeerntete Feld der Motorpflug geht, wie am nächsten Tag schon neue Pflänzchen, von der

Maschine gesteckt, in den vorbereiteten Rillen sitzen, welken, beregnet werden, sich erholen

wie in der Kinderstube der Gärtnerei das zarteste, frischeste Grün mit durchsichtig weißen Würzelchen aus spielzeugkleinen Kästen in winzige Torfmulltöpfe versetzt wird, wächst, begossen wird, wächst

wie im steilen Glashaus daneben die Gurken hängen, haarig schlank an schwachen Stengelchen, hingen da über braunen Wasserlachen, als der Vater des Herrn Matern, aus dem Ersten Weltkrieg heimgekehrt, die kleine Gärtnerei errichtet hatte, die Urzelle, hängen nicht mehr

Veränderung über Veränderung, auf den ehemaligen Tennisplatz der große Glasblock gestellt, Salat, Tomaten, danach wieder Salat

Bau des großen Schuppens, der Gemüsewaschanlage, des Büros, der großen Gewächshäuser, und dem Gärtner wuchsen inzwischen fünf Kinder heran

in den Häusern Kresse, Lauch, Sellerie, Salat und Tomaten, aber vom Sommer an Chrysanthemen, großköpfig, kleinblütig, sonnengelbe, rostrote, Zottelköpfe, Spinnen, Margueriten, Arme voll herausgetragen und verladen zu den Totengedenktagen, Totensonnen, Totenspinnen, ohne Süße, herbstbitter riechend, aber Licht, Licht

während nun auch schon das lange her ist, daß die freigewordenen Polen nachts plündernd das Tal durchzogen und die kleinen Söhne des Gärtners Wache hielten, auf dem hohen Ackerrand hin und her liefen, mit Topfdeckeln und Kindertrompeten Lärm schlugen

Pflanzen, immer gesündere, immer edlere, und jetzt sind es schon diese Söhne, die ihre Leute in grünen Kitteln, eine grüne Brigade, im Wagen aufs Feld bringen, die selbst gepachtet haben und selbst bestimmen, während der Vater in der Stadt Prüfungen abhält, den Lastwagen fährt, keinen Schlaf braucht, nachts auf den Straßen, der alte Träumer mit dem Löwenhaupt, der stolz herausgewölbten Brust.

11 An meinem elften Arbeitstag werde ich (spät genug) eine Karte zeichnen, das Dorf, wie es zwischen den Abhängen des Schwarzwaldes und den Ausläufern des beim Einbruch des Rheintals vom Schwarzwaldmassiv abgestürzten Schönbergs liegt. Mitten im Tal werde ich den langgezogenen Hügel andeuten, und zwischen Hügel und Kohlwald das kleine Tal, durch das der Eckbach fließt

ich werde deutlich machen, daß, wer von Westen, also vom Unterdorf kommt, das sogenannte Kuckuckbad (früher eine Badeanstalt mit einer schwachen Mineralquelle, jetzt ein Wohnheim des Kalkwerks) zur Linken hat, während diesem Bergaufwandernden zur Rechten die schon erwähnten weiten Wiesen mit den Reiseschwalben und das die Wanne genannte, vom Gärtner gepachtete große Gemüseland liegen

daß sich an diese Wiesen und Felder, immer rechts von der Dorfstraße, die Obstanlagen des Herrn Matern und neuerdings die Obstanlagen der zu einer Genossenschaft zusammengeschlossenen Jungbauern anfügen und daß die Straße, sobald man das Gasthaus zum Schwanen hinter sich hat, in einer Art von Hohlweg verläuft

mit einer grasbewachsenen, von einer Hecke gekrönten Böschung zur Linken, dann mit den Gartenmauern des Hauses Nr. 84, dann wieder mit einer Böschung von ähnlicher Art

daß man sich auf solche Weise, auf

meiner Karte und in Wirklichkeit, dem eigentlichen Dorfkern nähert, dem alten Schulhaus und jetzigen Rathaus, dem neuen, freundlichen Schulhaus und der Kirche, die sich auf einem ziemlich steilen Hügel zur Rechten erhebt

wonach ich auf meiner Karte die große Schleife andeute, die die Straße um den Pfarrgarten zieht, ehe sie zur eigentlichen Dorfstraße wird, mit Bauernhäusern rechts und links

dann das kleine Plätzchen hinter dem Pfarrgarten, auf das ich einige Würfel stelle, die Milchhalle, das Spritzenhaus und das hübsche ehemalige Rathaus, ein ganz kleines Gebäude, in dem jetzt der Friseur Unterkunft gefunden hat. Bei welcher Gelegenheit ich erzähle, daß die dritte Schwester des Herrn Matern in dem hübschen, mit weißen Möbeln und grünen Vorhängen ausgestatteten Amtsraum standesamtlich getraut worden ist

was jetzt schon einige Jahrzehnte und fünf Bürgermeister zurückliegt, aber nur drei Ratsschreiber zurück, da der lustige, dicke sein Amt sehr lange versehen hat. Ich werde hinzufügen, daß der Nachfolger des Pfarrers, der diese jüngste Schwester des Herrn Matern am Tag darauf, einem sehr warmen Dezembertag, in der Kirche des Dorfes getraut hat, nicht mehr am Leben, sondern im Konzentrationslager Dachau umgekommen ist und daß nach einigen Jahren, während derer verschiedene Pfarrhelfer, auch ein Kapuzinerpater, das Amt versehen haben, der jetzige Geistliche kam, der heute schon über siebzig Jahre alt ist und der hinter der aufrechten Haltung des gewesenen Offiziers seine Einsamkeit verbirgt.

12 Anstatt die von mir begonnene Karte weiter auszuführen, werde ich an meinem nächsten Arbeitstag in die hügelige Landschaft die neuen Häuser setzen, die, abgesehen von der älteren Siedlung für die Kalkwerkarbeiter, drei Gruppen bilden, von denen eine an der Straße zum Oberdorf, eine hinter dem neuen Schulhaus und eine am Fuße des Weinbergs liegt. Ich werde diese Häuser so zeichnen, wie ich sie sehe, leicht, wie Vögel, die sich nur für einen Augenblick niederlassen

ohne Keller und Speicher, dafür mit schmiedeeisernen Laternchen, glatten Fußböden aus blauem Linoleum und Gruppen von Gartenzwergen auf dem kurzen Gras. Ich werde sagen, daß man sich Generationen einander ablösend in diesen Häusern nicht vorstellen kann, eher in der dritten Generation schon den dritten Besitzer, denn die Stadt ist weit und die Schwermut der weichen Winterabende ist groß. Nachdem ich diese neuen, meist für zwei Familien bestimmten Häuser beschrieben habe

    werde ich erwähnen, daß es auch in den alten Häusern jetzt Linoleumfußböden, Kachelbadewannen und Schaumgummisessel gibt und daß auch dort, wo übereck das schräggeneigte Heiligenbild zwischen Strohblumensträußen noch hängt, auf Fernsehschirmen Präsidenten lächeln und Fußballmannschaften Pokale bekommen. Ich werde sagen, daß man sich in den beiden Kaufläden des Dorfes die Erzeugnisse der ganzen Welt von den Regalen nehmen und in Drahtkörbchen legen kann und daß es nur wenige Einwohner gibt, die nicht mit dem Kraftwagen zur Feldarbeit oder in die Stadt fahren

    danach werde ich an die alte Bäckersfrau erinnern, die in ihren kleinen, stickigen Verkaufsraum das warme Brot aus der Backstube brachte und den Kindern aus einem hohen Glase klebrige Süßigkeiten gab

    ebenso an die alte, entsetzlich verkrümmte Botenfrau, die einmal, einen klapprigen, hochrädrigen Kinderwagen vor sich her schiebend, den Einwohnern des Dorfes in der Stadt die Besorgungen machte

auch an die zwischen Lilien auf den Tischen stehenden Särge der an der Schwindsucht gestorbenen Mädchen und an das herkömmliche Wehgeschrei, in das die Verwandten ausbrachen, wenn der Pfarrer mit der Monstranz um die Ecke bog.

13 An meinem nächsten Arbeitstag werde ich die Gerüche des Dorfes beschreiben, wenig Süßes, beileibe nichts tropisch Betäubendes, wenig Flieder, keine Akazien, ein einziger Faulbaum im Garten des Hauses Nr. 84, und die Madonnenlilien in den Bauerngärten fast ausgestorben

die Frühlingsgerüche, rein, zart, aufschießendes Gras, Kirschblüte, Apfelblüte, Quittenblüte, Narzissen im Garten, gelbe Gerüche, weiße Gerüche, ein Wölkchen rosa dabei

dann schwerere, verwirrendere, Juniglanz, Junischwermut, Lindenblüte, Heu

Harzduft und Holzgeruch im Wald, von den rissigen Stämmen her, von den aufbereiteten Klaftern, der hellen Schnittfläche der Buchen

Hitze und Staubgeruch der Feldwege, der Feldraine und der Geruch des blühenden Getreides, wenn das bleiche Gelb unterm Gewitterhimmel sich aufbäumt, sich neigt

Geruch von regennassen Blättern, von nassen Brombeerranken im Hohlweg

von Septemberrosen, heiß in der schon kühleren Luft

von Schädlingsbekämpfungsmitteln, scharfer, beißender, der zum Husten reizt

und der Geruch der Pilze, der fetten, von Schnecken bekrochenen Schwämme, Tiergeruch

Tiergeruch aus den wenigen noch von Vieh bewohnten Ställen und Geruch von zusammengeklatschtem, auf Bretterwägen vorübergefahrenem Dung

von Kartoffelkraut, brennend, verglimmend in Ackerfurchen, starker, strenger Kartoffelkrautgeruch

schon bei den ersten fallenden Blättern, den mehr und mehr fallenden Blättern, die der Fuß aufwirbelt, bis sie an der Sohle hängen bleiben, naß, schwarz

Geruch von Rauch, von Luft, ozeanischem Westwind, Sehnsuchtsgeruch, Ferne

Geruch in Apfelkellern, Weinkellern, Kartoffelkellern, Geruch von Tannenzapfen im Kamin

Geruch des Schnees.

14 An meinem nächsten, dem vierzehnten Arbeitstag werde ich einige Wege in der Umgebung des Dorfes beschreiben, den Bettlerpfad etwa, der im Kohlwald aus dem Tannendickicht tritt, das Tal durchquert und danach, Waldspitzen abschneidend, Wiesenzungen wiesengrün durchschleichend, immer wieder den Blick freigibt auf die Stromebene, auf die Burg

oder den an der bereits gefällten Buche mit den Hunderten von Namenszügen russischer Hiwis vorbei, durch jungen Fichtenbestand und alten Buchenwald führenden Weg zum Hohen Bannstein

einem alten Grenzstein mit fünf Wappen, den traubentragenden Bären von St. Gallen, den drei Kelchen von Staufen, den Bärentatzen der Schnaevelins, dem Wappen des Lazarus von Schwendi, dem Wappen der Krone

wobei man sich fragt, was da einmal war, ein Thingplatz, ein Kruzifix, ein Galgen, jedenfalls etwas, an dem alle Gemeinden Anteil haben wollten, zu dem hin sie lange, schmale Waldzungen streckten

und nahe dem Hippenrain die kleine Lichtung mit den alten Eichen und der Saulache nicht weit

oder den Weg rechts am Leimbachtal hinauf, ein Hund war da einmal frei hinter einem Gitter, der bellte nicht, setzte nur zum Sprung an, weiß und riesig, sprang über den hohen Zaun dem Vorüberwandernden auf die Brust. Weg zur kleinen, immer leeren, immer mit Blumen geschmückten Kapelle und weiter zum Köpfle und links immer das schmale Tal mit seinen alten, einsamen Schwarzwaldhöfen eine halbe Stunde vom Dorf entfernt, aber in Wirklichkeit weiter, ein halbes Jahrhundert weit

oder den Hudelweg, Fußpfad zwischen Farren und Nolimetangere, deren Samen, von den tastenden Fingern berührt, fortspritzen, weiter oben im granitsteinigen Buchenwald das Kreuz mit der Hand, Hand eines Waldarbeiters, in den gespaltenen Stamm geklemmt und von dem Manne selbst mit der Axt abgehackt, hier verewigt zum Gedenken an die Rettung seines Lebens

mit den Pilzen, die kamen in den Hungerjahren, kamen in Rudeln dicht an den Weg,

Steinpilze, Herrenpilze, Birkenpilze, schwarze Totentrompeten, Parasol, kommen nicht mehr, sind auch im Innern des Waldes nicht mehr zu finden

nur die alten Rufe, die sich voneinander entfernen und sich einander nähern, Rufe der Pilzsucher, ich hier, wo du, geistern durch den Wald

oder die Wege im Gründewald, der tausend Meter hoch zur Gemarkung des Dorfes gehört und der der zweite Waldbesitz des Herrn Matern ist. Weg durch den großen Kahlhieb in der Nähe des auf der Flurkarte als Vogelgericht bezeichneten Ortes, den Kahlhieb, der bereits mit Lärchen, Weißtannen und Fichten wieder aufgeforstet ist, der aber für das Auge des Waldunkundigen eine üppige Wildnis darstellt, Buchenbüsche, aus den Stümpfen hervorgebrochen, Brombeerranken, Königskerzen, Buschwindröschen zwischen den noch nicht abgeschleppten Stämmen

vor den grauen am Abend rosig leuchtenden Gneisfelsen, an denen man früher im Hochwaldschatten vorbeiging, die aber jetzt offen daliegen und von weit her zu sehen sind

wahrscheinlich werde ich auf den Rand des Blattes, auf dem ich die Hochwaldlichtung beschreibe, diese sehr charakteristischen Felsen zeichnen. Daneben zwei kleine Gestalten, die den Herrn Matern und seine Schwester (die einzige, die noch am Leben ist) vorstellen sollen. Die beiden, wie sie dort umhergehen, über Bäume sprechen, über Holzpreise, Holzfällerlöhne, Waldbesitz und Waldverkauf und sich uneins sind

    und sich nirgends so eins sind wie dort oben, knietief im nassen, schartigen Gras, die übriggebliebenen, immer auf dem Rückweg von sommerblumenflammenden Beerdigungen, übervoll von dem Leben der Toten, das in sie hineingetreten ist

    und auch wieder leer, erfüllt von dem Brausen der hochgelegenen Wälder, von dem Blick über die Baumkronen in die dunstige Tiefe des Stromtals.

15   Danach, an meinem fünfzehnten Arbeitstag, werde ich eine Liste machen von dem, was im Tal wächst, Blüten ansetzt, Frucht trägt, Samen ausbildet und abwirft, verdorrt, verwest

    die Kürbisse gelb mit haarigen Schlangenstengeln

    die Maiskolben in papyrusbleichen,

raschelnden Hüllen mit weichen Büscheln an den Kelchblattenden

die Rapsblüte, goldgelb, vom Wind überspielt und die Leinblüte, lichtblau, vom Wind überspielt

das Getreide Weizen, Roggen, Gerste, Hafer, Mischfrucht, in sonnigen Sommern gelb strotzend, in Regensommern auswachsend mit Würzelchen schwarz

die schon erwähnten Äpfel, Birnen, Pfirsiche, Quitten, mit künstlicher Beregnung, nicht mehr mit Feuern, gegen den Frost geschützt, die roten und schwarzen Johannisbeeren, Rosenthals langrankige, Siltvergirtus, Heros, Red Lake, in langen Reihen gezogen und die Erdbeeren, mit Stroh unterlegt, äckervoll geerntet von lustigen Frauen

die Tomaten, Kartoffeln, Nachtschattengewächse, der Blaukohl prachtvoll silbrig, der rötliche Rhabarber, der Grünkohl, Rosenkohl, Spinat

die Pfingstrosen in den Bauerngärten, die Rosen, der Rittersporn, die Sonnenblumen, ganz selten noch eine Malve

alles üppig gedeihend im milden Wetter. Schneeschmelze, Veilchenwärme, wenn der Westwind drei Tage, fünf Tage, sieben

Tage mit furchtbarer Stärke weht, die acht Linden im Hofe des Hauses Nr. 84 sich biegen und schwarze Zweige auf den Kies streuen

   wenn die regennassen Wege lehmschwere Klumpen an die Schuhe hängen und in der Wetterecke, zwischen blauen Dunstwänden, der Himmel nach Sölden zu noch grün ist, glasklar und rein.

16 An meinem sechzehnten Arbeitstag werde ich mich dem zuwenden, was man vor Augen hat, wenn man über den Sattel hinter dem Kuckuckbad dorfwärts bergab geht, nämlich das Kalkwerk, diese große Industrieanlage mit ihren bereits abgebauten und neuen Steinbrüchen, den grauen, hohen Rundtürmen, den Leitertreppen, den Bürogebäuden und Schuppen, alles mit feinem Kalkstaub bedeckt. Ich werde erzählen, daß die dem Dorf zugewandte Seite des Rebbergs nicht abgebaut werden darf, auch nicht der Kamm mit seinen Haselnußbüschen, Pfaffenhütchen und Schlehen, auf deren Dornen die Neuntöter ihre Beute stecken

   daß aber im sogenannten Echotal der Tagbau immer weiter talauf rückt, die Wiesen in Steinmulden verwandelt, und das Echo wirft das Geräusch der Sprengungen wie endloses Gewitter zurück. Ich werde sagen, daß diese Mulden schön anzusehen sind, bleich wie Mondhalden, davor die ebenfalls bleichen Gebäude, durch Seufzerbrücken miteinander verbunden, mit Räderwerken und Schaltwerken, die stampfen und brausen auch in der Nacht. Danach werde ich erzählen, daß von den vielen Männern, die einmal hier benötigt wurden, kaum noch ein paar Arme beschäftigt sind

vielmehr alles von den Maschinen geleistet wird, weswegen wer am Abend, wenn die Schreibstuben geschlossen sind und die Lastwagen und Mörtelmischwagen auf den Morgen warten

wer am Abend vorübergeht, keinen Menschen sieht und ihm das ganze geräuschvoll arbeitende, aber nur von ein paar im Winde schwankenden Lampen erhellte Werk wie von Geisterhänden bewegt erscheint.

17 Am nächsten Tag vielleicht werde ich erklären, daß der Name des Tales, in dem das Dorf liegt, der Name Hexental mit Hexen nichts zu tun hat, sondern auf eine alte Form des Wortes Hecken zurückgeht, daß aber der

Feuertod einer schönen und jungen, der Hexerei verdächtigen Frau aus dem Dorfe verbürgt erscheint. Ich werde die Geschichte dieser Hexe erzählen, die sich vor dem Bürgermeister und zugleich Hexenmeister von Staufen geschickt herauszureden verstand, bis der listige Mann sie sozusagen bei ihrer Handwerksehre packte, es stimmt also, du kannst nichts, hast nie etwas gekonnt. Aus dem Tuchfetzen, den er ihr verächtlich hinwarf, molk sie dann frische Kuhmilch, und schon sprangen die Zeugen hinter Vorhängen und angelehnten Türen hervor

so daß diese Anne nicht in das Dorf zurückkehrte, sondern auf dem Marktplatz von Staufen verbrannt wurde, eine von den vielen, von denen im Tal die Sage geht.

18 Von dem großen Unwetter des Sommers 1950 werde ich sagen, wie da die Reben und Feldfrüchte hinterm Eisregen und Hagel verschwanden und zerfetzt wieder auftauchten, wie der große Nußbaum beim Gasthof vom Blitz gespalten und auf den Weg geschmettert wurde. Dabei werde ich auf das alte Gasthaus zu sprechen kommen, auf seine nach Norden gerichtete Terrasse mit dem kalten Eisengeländer und den Eisenstühlen, unter Kastanien

auf die großen Zeiten der Wirtsstube, als die Zihagilde zum Tanz aufspielte, da wurde auch noch gesungen, was nun alles dahin ist, die Lieder vergessen, die damals jungen Leuten erwachsen, mit Familie und immer mehr Arbeit, die Maschinen haben keine Erleichterung, keinen Zuwachs an Freude, an Muße gebracht

auf den (vor kurzem abgerissenen) Schuppen mit den vergitterten Fenstern, wo im Zweiten, aber auch schon im Ersten Weltkrieg die Gefangenen untergebracht waren, jeden Morgen allein zur Arbeit gingen, abends heimkehrten, von dem Wirt und Gefangenenwächter gut behandelt wurden, beinahe wie Freunde

am Ende versprachen, zu Besuch zu kommen, zu schreiben, nicht zu Besuch kamen, nicht schrieben

auf den neuen Gasthof endlich, den der Sohn bewirtschaften will, der im Rohbau schon dasteht mit Fenstern nach Süden, mit Butzenscheiben, Täfelung, gemütlichen Sitzecken, alles für Gäste, die von weit her kommen sollen, dreißig Wagen auf dem Parkplatz, fünfzig Wagen auf dem Parkplatz und in der

Küche ein Mann mit einer hohen weißen Mütze, der in Kupferpfannen brät und bäckt

    Gerichte aus Italien, Gerichte aus Spanien, Gerichte aus Indien

    alles zu immer demselben an der sonnigsten Stelle des Ölbergs gewachsenen Markgräfler, unter demselben, langsam über den Wald heraufsteigenden und seinen großen, alten Bogen beschreibenden Mond.

19   Der Kirche des Dorfes werde ich mich noch zuwenden, dieser kaum hundertjährigen Kirche, von deren Vorgängerin rätselhafterweise niemand auch nur vom Hörensagen weiß. Der steilen Treppe, die auf das Portal zuführt, den alten Grabsteinen und den Linden, in deren Schatten am Sonntag die Männer stehen, während die Frauen drinnen beten, auch fürs bucklige Männlein mitbeten, nur Geburt, Hochzeit und Tod sind die alten heiligen Stationen, da treten auch die Männer noch ein

    über den heiligen Hilarius werde ich sprechen, den Schutzpatron der Kirche, den vornehmen Bischof aus Poitiers

    vielleicht auch über die irischen und schottischen Mönche, die das Christentum in den Breisgau brachten, den heiligen Trudpert, der beim Waldroden und Predigen im nahen Münstertal von zwei Knechten erschlagen wurde

und den heiligen Ulrich, der mit dem Kaiser Heinrich III. nach Rom und ins Heilige Land zog, in das Kloster Cluny eintrat und dann in den Breisgau kam und bei der Zelle des Einsiedlers Vittmar das Kloster zu St. Ulrich gründete

auch über das 1076 gegründete Frauenkloster in Bolisvilere, das 1105 nach Sölden verlegt wurde und über das im Tal einige skandalöse Geschichten umgehen

über die Jünger am Ölberg, große, ungeschlachte Gestalten, im ehemaligen Kirchhof des Dorfes in eine künstliche Grotte gestellt, wo sie das Haupt auf die Brust neigen und schlafen ihren klotzigen Holzschlaf

gegenüber einer einzelnen, neuen Grabstätte, der des schon erwähnten früheren Pfarrers, der, weil er der Frau eines SS-Mannes das Sakrament der Ehe gespendet hat, nach Dachau gekommen ist und dort, angeblich durch eine Verstopfung seiner Lungen mit dem Staub der von Häftlingen gesammelten Heilkräuter, gestorben ist

wobei wir uns schlafend stellten wie

die hölzernen Jünger mit dem Haupt auf der Brust.

20 An meinem zwanzigsten Arbeitstag werde ich darüber nachdenken, warum ich das Haus Nr. 84 nicht beschreiben will, nur von außen, nicht eintreten, weder durch den Haupteingang, zu dem einige Stufen hinaufführen und durch den man in die Halle mit den Ahnenbildern, aber auch in den kleinen Arbeitsraum des Herrn Matern gelangt

noch über die verfallene Terrasse und durch den ehemaligen Salon, der an einen alten Staatsbeamten und Klavierspieler vermietet ist, in dem aber immer dieselbe, seit fünfzig Jahren dieselbe Papageientapete die Wände bedeckt

noch durch die Holzlege, in der einmal das Brot gebacken wurde, in der aber jetzt nur die Fahrräder und Roller der Kinder stehen

noch durch die Hintertür, durch deren Glasscheibe man die vielen Kinderstiefelchen sehen kann, die dort gleich beim Hereinkommen ausgezogen werden müssen, die vielleicht den Kindern des Herrn Matern gehören, vielleicht aber auch schon den Kindern dieser Kinder, oder den Kindern ganz fremder Leute

eben weil man das nicht weiß, weil man nichts weiß, alles nur von außen, den Hof mit den acht schon mehrmals erwähnten sehr alten Linden, von denen vier um den Brunnen herum und vier weiter westlich bei dem Treppchen zum tiefer gelegenen Untergarten stehen, mit dem Trottschopf, der vor ein paar Jahren neu gedeckt wurde, wobei (während des Richtfestes) die kleinen Söhne des Herrn Matern mit den Zimmerleuten auf dem Dachfirst standen

mit dem bei der Waschküche eingemauerten Grabstein eines Kindes aus der Familie Schnaevelin von Bärenlapp, die einmal hier ein Wasserschloß besaß

dann den nach Westen zu abgerundeten Untergarten, der einmal ein Obstgarten war, der jetzt aber aus schönen glatten Rasenflächen, einem Kreuz von Blumenrabatten und einer kleinen Springbrunnenschale mit einem grauen, verwitterten Putto besteht

die beiden an die Ecke der Stützmauer gelehnten aus der Barockzeit stammenden Gartenhäuschen, in denen einmal die Igel wohnten, und von deren einem der Dämonenziegel, ein alter Tonziegel mit Sonnen und kleinen kreuzförmigen Sternchen, stammt

die Trauerweide lichtgrün und heiter und der einzig stehengebliebene alte Apfelbaum, die Goldparmäne, unter der die Gartenstühle stehen. Das Pferderelief, mit dem der Reiter seinen Kriegspferden (1914–1918) ein Denkmal gesetzt hat

die Rosen Michèle Mailland und ihre Tochter, die Rose Gloria Dei, die frühe Strauchrose Maigold und die Rose Scarlet Climber, die an den weißen Gittern auf der Stützmauer rankt

das neue Pfirsichspalier und die alte, längst abgerissene, weinüberwachsene Pergola nach der Straße zu

den fast abgestorbenen Birnbaum, dem eine mächtige Krone von Efeu aufliegt, den dieser herrliche Efeu langsam erstickt

und wie das ist, wenn man im ersten Augustlicht aus dem Schatten der acht zu einer einzigen Krone zusammengewachsenen Hainbuchen über die in Klarheit leuchtenden Rasenflächen blickt und wie das ist

wenn man in den Juninächten zwischen den Pfingstrosenbüschen hingeht und das Nachtgebirge der Linden im Osten aufsteigt.

21 An meinem einundzwanzigsten und wahrscheinlich letzten Arbeitstag werde ich mich besinnen, warum ich das alles angefangen habe, diese Schilderung eines Dorfes, doch nur um Ruhe zu finden, um entlassen zu werden aus der furchtbaren Beschleunigung, aber man wird nicht entlassen, auch hier nicht, gerade hier nicht, Veränderung über Veränderung

das Rad der Jahreszeiten, ein weitflügeliges Rad dreht sich, ich selbst drehe es schneller und schneller, bis es eine Scheibe wird, eine klirrende Sonnenscheibe

so daß, wenn ich wiederkehre im Mai und wir gehen und suchen im noch dürren Wald den Seidelbast und die Weidenruten sind rot

wenn ich wiederkehre im Juni und schiebe mit dem Rechen das Gartenheu zu Haufen zusammen und der Herr Matern sitzt am Abend am Waldrand am Heiden auf dem Hochsitz und bringt das Gewehr in Anschlag und schießt und stirbt mit dem Bock

wenn ich wiederkehre im September, Anfang September, Zeit der Sonnenblumen und der Begräbnisse, der ersten Altweiberfäden und der ersten Apfelernte, sorgfältig gepflückt wenn ich wiederkehre in der Zeit der heilig-unheiligen Nächte, der Stürme, des Nebels und Rauhreifs, des steigenden Lichts

wenn ich das Rad drehe und sehe, wie die Häuser des Dorfes sich auftun und die Kinder wankend unter der Last ihrer Schultüten sich ins Schulhaus begeben, ein neuer Jahrgang gehorsam

und drehe und sehe wie die Häuser des Dorfes sich auftun und die Sterbenden sich auf den Weg machen und legen sich in die vorbereiteten Gräber gehorsam

wie sie die neue Straße am Waldrand entlang schon gebaut haben, schon lange

und die geplante neue Kinderschule und die geplanten Siedlungen

wie sie mit Hubschraubern aufs Feld fliegen und die Ernten einbringen bei Flutlicht

wie die Äxte im Wald und die letzten Schmetterlinge nur noch von den urältesten Leuten erinnert werden

wie der Himmel nachts hell ist von kreisrunden Raumschiffen, eine furchtbare Helligkeit

wie, was aber nicht geschehen wird, nicht geschehen wird, nicht geschehen wird nach einer möglichen Katastrophe nahezu alles Leben erlischt und über der Einöde des Tales die Wälder wieder zusammenwachsen, neue Urwälder mitten im Tal

   wie im Bett der Straße, die einmal der Burggraben des alten Wasserschlosses war, wieder Wasser fließt, ein Strom, der einen See bildet, einen See, der aufsteigt bis zu den Höhlen der nacheiszeitlichen Jäger, den Löchern, in denen sich die Bewohner des Tales vor den Schweden versteckten

   wie von Schlamm und Wasser alles bedeckt ist, die hölzernen Jünger ertrunken und in St. Ulrich der runde Taufstein mit den zwölf Aposteln und dem Christus in der Mandel von fremden Fischen umspielt.

Die Menschen

Die Mauern

Die Toten

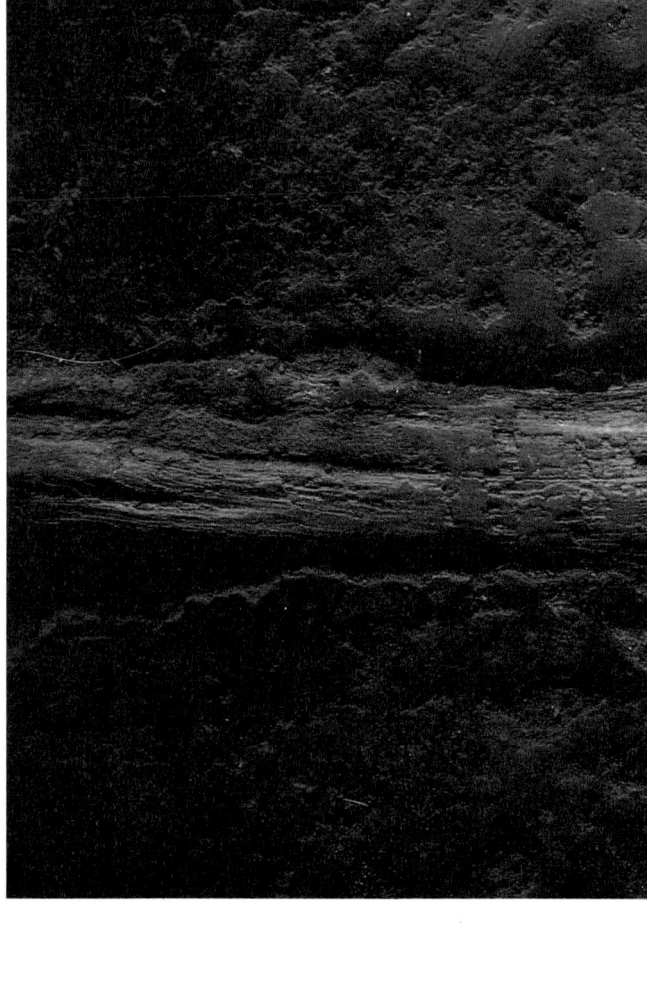

Die Ernte

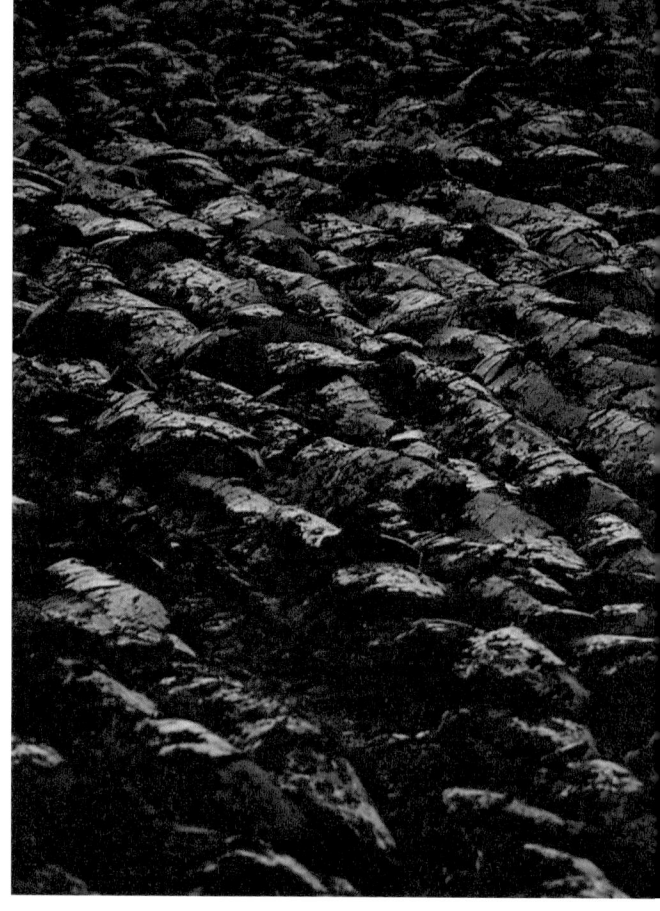

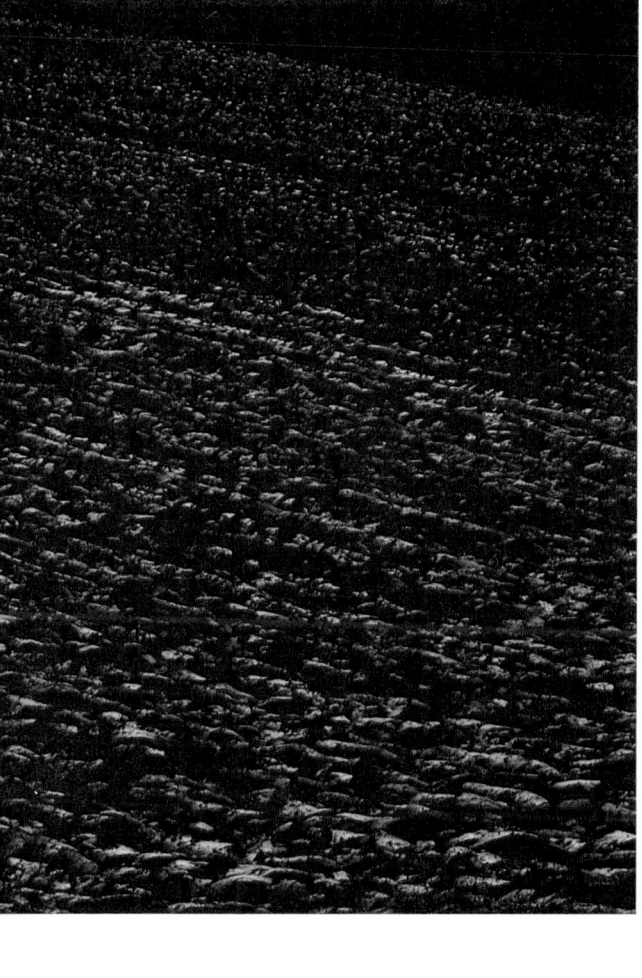

Der Winter

Romane, Erzählungen, Prosa

Apuleius. Der goldene Esel
Mit Illustrationen von Max Klinger zu »Amor und Psyche«. Aus dem Lateinischen von August Rode. Mit einem Nachwort von Wilhelm Haupt. it 146.

Honoré de Balzac. Die Frau von dreißig Jahren
Deutsch von W. Blochwitz. it 460
– Beamte, Schulden, Elegantes Leben
Eine Auswahl aus den journalistischen Arbeiten. Mit einem Nachwort herausgegeben von Wolfgang Drost und Karl Riha. Mit zeitgenössischen Karikaturen. it 346
– Das Mädchen mit den Goldaugen
Aus dem Französischen von Ernst Hardt. Vorwort Hugo von Hofmannsthal. Illustrationen Marcus Behmer. it 60

Joseph Bédier. Der Roman von Tristan und Isolde
Deutsch von Rudolf G. Binding. Mit Holzschnitten von 1484. it 387

Harriet Beecher-Stowe. Onkel Toms Hütte
In der Bearbeitung einer alten Übersetzung herausgegeben und mit einem Nachwort versehen von Wieland Herzfelde. Mit 27 Holzschnitten von George Cruikshank aus der englischen Ausgabe von 1852. it 272

Ambrose Bierce. Aus dem Wörterbuch des Teufels
Auswahl, Übersetzung und Nachwort von Dieter E. Zimmer. it 440
– Mein Lieblingsmord
Erzählungen. Aus dem Amerikanischen von G. Günther. it 39

Die Blümlein des heiligen Franziskus von Assisi
Aus dem Italienischen nach der Ausgabe der Tipografia Metastasio, Assisi 1901, von Rdudolf G. Binding. Mit Initialen von Carl Weidemeyer. it 48

Giovanni di Boccaccio. Das Dekameron
Hundert Novellen. Ungekürzte Ausgabe. Aus dem Italienischen von Albert Wesselski und mit einer Einleitung versehen von André Jolles. Mit venezianischen Holzschnitten. Zwei Bände. it 7/8

Hermann Bote. Ein kurzweiliges Buch von Till Eulenspiegel aus dem Lande Braunschweig. Wie er sein Leben vollbracht hat. Sechsundneunzig seiner Geschichten.
Herausgegeben, in die Sprache unserer Zeit übertragen und mit Anmerkungen versehen von Siegfried H. Sichtermann. Mit zeitgenössischen Illustrationen. it 336

Romane, Erzählungen, Prosa

Emily Brontë. Die Sturmhöhe
Aus dem Englischen von Grete Rambach. it 141

Gottfried August Bürger. Wunderbare Reisen zu Wasser und zu Lande. Feldzüge und lustige Abenteuer des Freiherrn von Münchhausen. Mit Holzschnitten von Gustave Doré. it 207

Hans Carossa. Eine Kindheit und Verwandlungen einer Jugend
it 295/296

Lewis Carroll. Geschichten mit Knoten
Herausgegeben und übersetzt von W. E. Richartz. Mit Illustrationen von Arthur B. Frost. it 302

Miguel de Cervantes Saavedra. Der scharfsinnige Ritter Don Quixote von der Mancha
Mit einem Essay von Iwan Turgenjew und einem Nachwort von André Jolles. Mit Illustrationen von Gustave Doré. 3 Bände. it 109

Adelbert von Chamisso. Peter Schlemihls wundersame Geschichte
Nachwort von Thomas Mann. Illustriert von Emil Preetorius. it 27

James Fenimore Cooper. Die Lederstrumpferzählungen
In der Bearbeitung der Übersetzung von E. Kolb durch Rudolf Drescher. Mit Illustrationen von D. E. Darley. Vollständige Ausgabe.
it 179 Der Wildtöter · it 180 Der letzte Mohikaner · it 181 Der Pfadfinder · it 182 Die Ansiedler · it 183 Die Prärie

Alphonse Daudet. Briefe aus meiner Mühle
Aus dem Französischen von Alice Seiffert. Mit Illustrationen. it 446
– Tartarin von Tarascon. Die wunderbaren Abenteuer des Tartarin von Tarascon.
Mit Zeichnungen von Emil Preetorius. it 84

Honoré Daumier. Robert-Macaire – Der unsterbliche Betrüger
Drei Physiologien. Aus dem Französischen von Mario Spiro. Herausgegeben und mit einem Nachwort versehen von Karl Riha.
it 249

Romane, Erzählungen, Prosa

Daniel Defoe. Robinson Crusoe
Mit Illustrationen von Ludwig Richter. it 41

Charles Dickens. Lebensgeschichte und gesammelte Erfahrungen David Copperfields des Jüngeren. Zwei Bände.
Mit Illustrationen von Phiz. Nach der ersten Buchausgabe des Romans London 1850. it 468
– Oliver Twist
Aus dem Englischen von Reinhard Kilbel. Mit einem Nachwort von Rudolf Marx und 24 Illustrationen von George Cruikshank. Vollständige Ausgabe. it 242
– Weihnachtserzählungen
Mit Illustrationen. it 358

Denis Diderot. Die Nonne
Mit einem Nachwort von Robert Mauzi. Der Text dieser Ausgabe beruht auf der ersten deutschen Übersetzung von 1797. it 31

Annette von Droste-Hülshoff. Die Judenbuche. Ein Sittengemälde aus dem gebirgigen Westfalen. Mit Illustrationen von Max Unold. it 399

Alexandre Dumas. Der Graf von Monte Christo
Bearbeitung einer alten Übersetzung von Meinhard Hasenbein. Mit Illustrationen von Pavel Brom und Dagmar Bromova. Zwei Bände. it 266

Joseph Freiherr von Eichendorff. Aus dem Leben eines Taugenichts
Mit Illustrationen von Adolf Schrödter und einem Nachwort von Ansgar Hillach. it 202

Eisherz und Edeljaspis
Aus dem Chinesischen von Franz Kuhn. Mit Holzschnitten einer alten chinesischen Ausgabe. Mit einem Nachwort und Anmerkungen von Franz Kuhn. it 123

Paul Ernst. Der Mann mit dem tötenden Blick und andere frühe Erzählungen.
Herausgegeben von Wolfgang Promies. it 434

Romane, Erzählungen, Prosa

Gustave Flaubert. Bouvard und Pécuchet
Mit einem Vorwort von Victor Brombert und einem Nachwort von Uwe Japp. Mit Illustrationen von András Karakas. it 373
– Die Versuchung des heiligen Antonius
Aus dem Französischen übersetzt von Barbara und Robert Picht. Mit einem Nachwort von Michel Foucault. it 432
– Lehrjahre des Gefühls
Geschichte eines Jungen Mannes, übertragen von Paul Wiegler. Mit einem Essay »zum Verständnis des Werkes« und einer Bibliographie von Erich Köhler. it 276
– Madame Bovary
Revidierte Übersetzung aus dem Französischen von Arthur Schurig it 167
– Salammbô
Herausgegeben und mit einem Nachwort versehen von Monika Bosse und André Stoll. Mit Abbildungen. it 342
– Ein schlichtes Herz. it 110

Theodor Fontane. Effi Briest
Mit Lithographien von Max Liebermann. it 138
– Der Stechlin
Mit einem Nachwort von Walter Müller-Seidel. it 152
– Unwiederbringlich
Roman. it 286

Friedrich Gerstäcker. Die Flußpiraten des Mississippi
Roman. Mit einem Nachwort von Harald Eggebrecht. it 435

Johann Wolfgang Goethe. Wilhelm Meisters Lehrjahre
Herausgegeben von Erich Schmidt. Mit sechs Kupferstichen von F.L. Catel. Sieben Musikbeispiele und Anmerkungen. it 475
– Novellen
Herausgegeben und mit einem Nachwort versehen von Katharina Mommsen. Mit Federzeichnungen von Max Liebermann. it 425
– Reineke Fuchs
Mit Stahlstichen von Wilhelm von Kaulbach. it 125
– Die Wahlverwandtschaften
Mit einem Essay von Walter Benjamin. it 1
– Die Leiden des jungen Werther
Mit einem Essay von Georg Lukács »Die Leiden des jungen Werther«. Nachwort von Jörn Göres »Zweihundert Jahre Werther«. Mit Illustrationen von David Chodowiecki und anderen. it 25

Romane, Erzählungen, Prosa

Gogol. Der Mantel und andere Erzählungen
Aus dem Russischen übersetzt von Ruth Fritze-Hanschmann. Mit einem Nachwort von Eugen und Frank Häusler. Mit Illustrationen von András Karakas. it 241

Iwan Gontscharow. Oblomow it 472

Grimmelshausen. Trutz-Simplex oder Ausführliche und wunderseltzame Lebensbeschreibung der Erzbetrügerin und Landstörtzerin Courasche
Mit einem Nachwort von Wolfgang Koeppen. Mit Abbildungen aus dem 17. Jahrhundert. it 211

Nathaniel Hawthorne. Der scharlachrote Buchstabe
Mit Illustrationen von Renate Sendler-Peters. it 436

Johann Peter Hebel. Kalendergeschichten
Ausgewählt und mit einem Nachwort von Ernst Bloch
Mit neunzehn Holzschnitten von Ludwig Richter. it 17

Heinrich Heine. Aus den Memoiren des Herren
von Schnabelewopski
Mit Illustrationen von Julius Pascin. it 189

– Shakespeares Mädchen und Frauen
Mit Illustrationen der Ausgabe von 1838. Herausgegeben von Volkmar Hansen. it 331

Hermann Hesse. Hermann Lauscher
Mit frühen, teils unveröffentlichten Zeichnungen und einem Nachwort von Gunter Böhmer. it 206
–/Walter Schmögner. Die Stadt
Ein Märchen von Hermann Hesse, ins Bild gebracht von Walter Schmögner. it 236
– Knulp
Mit dem unveröffentlichten Fragment »Knulps Ende« und Steinzeichnungen von Karl Walser. it 394

Hölderlin. Hyperion oder Der Eremit in Griechenland
Herausgegeben und mit einem Nachwort versehen von Jochen Schmidt. it 365